Nefelibata

Nefelibata

CARLOS LÓPEZ

Círculo Rojo
EDITORIAL

Primera edición: julio 2024

Depósito legal: AL 1658-2024

ISBN: 978-84-1073-815-7

Impresión y encuadernación: Editorial Círculo Rojo

Editorial Círculo Rojo
www.editorialcirculorojo.com
info@editorialcirculorojo.com

Impreso en España — Printed in Spain

Las noches me permitieron dedicarme por entero
a tumbarme en mi terraza bajo un cielo semiclaro,
a servirme de la luna para amordazar mis miedos
y a contar a las estrellas la razón de mis pecados.
Lo que tiene entre sus manos, obra magna de mis dedos,
no se orienta al fino gusto del lector más avezado,
no se rezarán sus frases en ningún servilletero
ni le servirá de eslogan a ningún supermercado.
No es obra de un literato, más bien lo es de un costurero,
es la prenda más bonita que mi mente ha diseñado,
mi manera de rendirles homenaje a quienes quiero
para que viajen conmigo sin dejar de estar sentados.
Cada frase está pensada, cada verbo es el certero;
si le gusta lo que sigue, guárdelo como oro en paño;
pruebe con otro poema de no saciarle el primero;
si detesta los que restan, prenda fuego a este poemario.

24 PREGUNTAS A DIOS

¿Qué ocurrió segundos antes del instante en que hubo un todo?
¿La vigencia de este mundo está sujeta a algún contrato?
¿Por qué fue que decidiste revelar tu esencia a un mono?
¿Hasta dónde perimetras el alcance de tu mano?

¿Hemos sido diseñados desde algún lugar remoto?
¿Orientaste de algún modo el devenir de nuestros pasos?
¿Hace cuánto que no muestras tu poder con un milagro?
¿Te has culpado de dejarnos al arbitrio de nosotros?

¿Tu saludo está encriptado en el destello del ocaso?
¿El brillo de las estrellas corresponde a algún tesoro?
¿Has dejado un rastro claro en la incógnita del cosmos?
¿Hay secretos sumergidos en los mares de otros astros?

¿Consideras peligroso el progreso del ser humano?
¿Respetamos tu mandato o conspiramos por tu trono?
¿Qué hay de cierto en que tras esto nos aguarda, al fin, reposo?
¿Lo hallaremos aunque obremos sin hacerte ningún caso?

¿Son nuestros instintos los que nos mantienen siendo esclavos?

¿Es verdad que el desdichado es, a la postre, el más dichoso?

¿Acaso sentiste orgullo cuando viste nuestros logros?

¿Has tomado como propios nuestros múltiples fracasos?

¿No hay un hombro al que te arrimes cuando te desuela
el llanto?

¿A quién rezas cuando adviertes que, aunque sumo, vives solo?

¿Has creado un semejante que te preste firme apoyo?

¿Descendiste por el morbo de entender qué es un abrazo?

COMUNAL

Este verso pertenece a quien fracase, sufra o pierda,
a quien lidie con impulsos que burlen su voluntad,
a quien duerma pese al ruido de una bomba en plena guerra,
a quien sueñe con la frágil entelequia de la paz,

a quien viva acongojado tras el marco de la puerta,
a quien busque el equilibrio al abrazar la soledad,
a quien reme sin cesar pese al vigor de la tormenta,
a quien ose combatir la consensuada realidad,

a quien dance por el mundo con sus sueños por bandera,
a quien campe por sus tierras como un perro sin collar,
a quien muestre ingenuidad mientras da caza a sus quimeras,
a quien cure su amargura sumergiéndola en el mar,

a quien ponga en entredicho la mentira descubierta,
a quien piense que en la duda es donde mora la verdad,
a quien sepa que el sabor de toda flor se halla en su néctar,
a quien inste al hombre sabio a conocer su necedad.

POLIFACÉTICO

Soy un verbo sin verdad, un faro en el desconcierto,
la irrupción en mar abierto de un artero capitán,
la temida oscuridad, el coraje del lucero,
un ingrávido astillero y su castillo de alta mar,

la perversa gelidez del efímero febrero,
la adultez con sonajero, compromiso sin altar,
la insana sagacidad del demonio consejero,
un rumor sin mensajero, una historia sin final,

el aroma del azahar, el sabor ya descompuesto,
tempestad sin molinero, autor sin autoridad,
profesor sin facultad, vil deidad sin misionero,
la abstemia del bodeguero, la más viva mortandad,

un granuja en un pajar, un manjar sin condimento,
edificio sin cimientos, molienda sin cementar,
liberto sin libertad, coronel sin regimiento,
un profeta en el desierto, un poeta en la ciudad.

PERDER EL JUICIO

Sé que no ganaré el juicio con estas alegaciones,
ni tampoco los perdones del fiscal que entra de oficio,
pero pido un armisticio, a tenor de estas razones,
y espero que las sanciones se adecúen al perjuicio.

Si al final de estos renglones comprenden con lo que lidio,
deben volver al inicio y repensar sus decisiones,
colijan de estos indicios prescriptivas conclusiones
y no juzguen a este hombre por ceder ante el martirio.

Vi los ojos del demonio cuando todavía era joven,
prometió un millón de dones bajo entrega en sacrificio,
fue que puso a mi servicio virtudes y diversiones,
y que entristecí a los dioses desoyendo sus designios.

Sin resquicio de malicia ni malvadas intenciones,
acepté sus condiciones presumiendo un beneficio,
le firmé una servilleta con mi verdadero nombre
y las estipulaciones de un contrato vitalicio.

Aun sabiendo que el exilio no era una salida noble,

prendí cien lirios del monte y me marché de sus dominios.
Ya conozco el precipicio, ahora busco el horizonte
de un sueño inmisericorde que ni afronto ni concilio.

Ya no bailo sobre el quicio ni disfruto del desorden,
tampoco del falso goce que crece en el artificio,
no dependen mis alivios del delirio de la noche
ni susurran ya las voces que torcían mi equilibrio.

LÉASE

Pretensión, sin esfuerzo, osadía;
amistad, si trabada, fecunda;
sinsabor, cuando hambre, ambrosía;
la virtud, si superflua, caduca;
música, si animal, armonía;
desazón, si dañina, profunda;
proyección, si ilusoria, utopía;
la verdad, en sí misma, rotunda.

El dolor, si letal, letanía;
la parodia, si cierta, retrato;
el perdón, si con ira, ironía;
el placer, si insensible, insensato;
esta vida, si triste, no es vida;
lo divino, si falso, macabro;
el milagro, en esencia, mentira;
el amor, como tal, un milagro.

El cuerdo, si persiste, enloquece;
la deidad, si artificio, oropel;
de día, si Dios media, amanece;

de noche, si se esconde, no hay fe;
el recuerdo, si amargo, perece;
el error, aun grosero, también;
el futuro, si empieza, que empiece;
el pasado, si quiere, que esté.

La hermosura, si frágil, deleite;
el deleite, si parco, constriñe;
la bondad, si se riega, florece;
la maldad, a su arbitrio, se aflige;
el camino, de andarlo, se entiende;
un retorno, con suerte, al origen;
horizonte, de haberlo, es la muerte;
y la muerte, de darse, redime.

CLÍMAX

Ya sé cuándo te quise para siempre;
la noche se despedía del día;
la luna y su fulgor, ya decrecientes,
menguaban y, con ellos, mi energía,

Quedaba mucho sol hasta septiembre,
y a mí me apetecía una sandía,
salí de la discoteca caliente,
caliente porque el sol resplandecía,

con pocos efectivos en el frente,
dudé si encontraría compañía,
el viento me llevó con sus corrientes
y me depositó en las cercanías.

Borracho, mi escondite fue la gente;
mi mente, entonces lenta, pretendía
que no me viese así ningún pariente
ni comenzar con nadie una porfía.

Sabía de mi estado decadente,
sabía la razón de mi avería,
lo supe cuando saludé obediente
mientras me daba el alto un policía.

Creí ver a lo lejos una fuente,
y sólo era otro bar de porquería,
en una silla vi a mi confidente;
había, al lado de éste, otra vacía.

Charlamos con humor sobre la muerte,
también sobre el amor y su ironía,
y, a riesgo de quedarnos inconscientes,
bebimos otras dos cervezas frías.

Tras mucho departir sobre lo inerte,
tras darles rienda suelta a fantasías,
brindamos por el mundo y por sus mieles
en un acto de camaradería.

Fue entonces cuando entraste, de repente,
con una evidente supremacía.
Tus ojos los recuerdo incandescentes;
tu entrada, en general, con simpatía.

Te dije cuatro cosas, sonriente;
rendía, a mi manera, pleitesía;
hablamos como se hablan dos valientes
que entienden natural su valentía.

Tus labios presentaron a tus dientes,
no sé si fue cortejo o cortesía,
puede que el orden fuese diferente,
¿acaso importa la cronología?

Un guiño resultó ser suficiente,
una suerte de aval o garantía.
Ya sé cuándo te quise para siempre:
fue justo cuando supe que existías.

CUATRO ESTADIOS DE LA HUMANIDAD

La psique del homínido evolucionó muy rápido;
hicimos de lo plástico un refinamiento armónico;
con éxito y estrépito abandonamos lo mágico;
dejamos nuestra rúbrica en un devenir caótico;

el viento melancólico trajo un rumor pretérito;
gestamos lo sintético, sorbimos lo simbólico;
el lóbrego crepúsculo nos resultó poético;
al verbo dimos pábulo; al pétalo, un propósito;

oímos al despótico de argumentario pútrido;
creímos al fanático de látigo retórico;
un régimen efímero devino tras el púlpito;
por motivos estúpidos, escupimos al prójimo;

tras el estadio sádico, bebimos nuestro vómito;
en estado catártico, trascendimos lo químico;
cruzamos, no sin pánico, el lunático zoológico;
fuimos de lo selvático al estadio metafísico.

LO QUE ATESORO

Tengo un sueño inalcanzable,
unos credos increíbles,
un defecto incorregible,
un deseo indeseable,
un legado intransmisible,
una forma transmutable,
un discurso incomprensible,
una pena conmutable,

una huella constatable,
un presente perfectible,
un futuro imperceptible,
un pasado inconfesable,
un sopor incontenible,
un amor conmensurable,
una deuda insostenible,
una meta conquistable,

un dilema confortable,
un hecho incontrovertible,
un conflicto incompatible,

un prejuicio condenable,
un espejo incombustible,
unos vicios combinables,
una ética intangible,
un entorno tangenciable,

una cicatriz visible,
una aspiración viable,
un sino casi ilegible,
una esencia maleable,
una paz desapacible,
una guerra inaplazable,
una vida indivisible,
una muerte divisable.

TÉNGASE EN CUENTA

La deidad es onerosa, demandante y opresiva;
la honradez es reflectora, orientativa y titilante;
la belleza es embriagante, dichosa y superlativa;
la caricia es nutritiva, seductora y elegante;

la moral es imperante, correctora y colectiva;
la materia es limitante, restrictiva y defectuosa;
el alma es estimulante, bondadosa y receptiva;
la bondad es constructiva, afectiva y virtuosa;

la amistad es jubilosa, calurosa y compasiva;
la empatía es generosa, consultiva y cooperante;
la mentira es belicosa, artificiosa y destructiva;
la verdad es relativa; está viva y es cambiante;

la razón es peligrosa, conflictiva y delirante;
la sonrisa es positiva, redentora y contagiosa;
la conciencia es punitiva, introspectiva y acechante;
la maldad es colindante, corrosiva y vanidosa.

SUEÑITAL

Una lágrima florece al filo de la madrugada,
su caudal baña el recuerdo que mi ánima retuerce,
sólo ante el profundo anhelo de mi almario comparece,
ese sueño que encandece el refulgir de mi mirada.

Un grito que se desangra despide un rumor solemne;
una bruma me conduce hacia una cala acantilada;
un mar gris de paz salada, tibio embate y aguardiente,
humedece una simiente cuya fruta nace ahogada.

Un jilguero en una rama entona un cántico silente,
se engalana una serpiente mientras muda su fachada,
un naranjo me saluda al son del viento que lo mece
y la luna resplandece como si un sol la animara.

Hay un loro sordomudo que cuenta cuanto acontece
y un gato que hace las veces de pantera aburguesada,
un gallo que desafina cuando atisba el sol naciente
y la estela de unos peces que huyen de la marejada.

AMOR CAINITA

Somos hijos del impulso fratricida,
de un ancestro que fue pasto de sus celos;
dando pábulo al demonio de la envidia,
dio cabida a nuestro estigma primigenio.

Pidió pasaporte al cielo con desgana
y encontró la bofetada del destierro,
masticando y musitando su desgracia;
desairado, perdió el rumbo en el desierto.

No hay humano, desde entonces, no imperfecto
ni criatura, por muy noble, sin su marca.
La deshonra no trasciende al cementerio;
toda deuda queda, en muerte, condonada.

Nuestra luz debió encontrar una salida
y, con ello, mostró un horizonte nuevo.
Para no olvidar cuidarnos de por vida,
con el tiempo, construimos grandes templos.

Con caricias germinaron las delicias,
la razón estimuló el conocimiento,
el abrazo volvió al alma malherida
y, con éste, lo hizo el beso sempiterno.

Reinstauramos nuestra lengua más hablada,
más anciana que el latín o el arameo;
su manejo limpia el ego y sana el alma:
el amor es el idioma más longevo.

ANTROPOMIENZO

Primero fue el cuándo, después vino el dónde,
la más alta cumbre dio vida a una flor;
luego vino el verbo, su luz se hizo fuego,
el fuego encontró legatario en el sol.

La luz prematura distinguió la sombra,
la luz cegadora que todo lo alumbra;
bendijo al escombro la luz redentora;
la luz virginal disipó la penumbra.

El frío quemó la trabada raigambre,
la luz se apagó por el mes de noviembre,
la vida danzaba al filo del alambre,
la lluvia en la noche, la sangre y la muerte.

En estas, nació muy boyante de un molde
un ser tenedor, sin saberlo, de un don;
el ser llegó a ser un boceto del hombre,
el mimbre y la guinda de la evolución.

El macho distrajo la voz de las hembras,
el hombre asistió a su esplendor y derrumbe,
el hombre advirtió carestía en la siembra,
el llanto y el hambre se hicieron costumbre.

Su dios procuró reordenar el desorden,
el hombre mostró cerrazón y ambición,
su dios receló de lo hecho en su nombre
y el hombre, por celos, renegó de Dios.

CELESTE

Si tu vida es un paseo que, en su clímax, acelera;
si sabes hallar el néctar de su amarga letanía;
si descubres la poesía que esconde la primavera;
no levantes la cabeza, súmete en tu fantasía.

Si oyes un rumor lejano retumbar en la alta esfera,
si el susurro tramontano torna en dulce melodía,
si detectas un sonido que nace en la lejanía,
mira al cielo con los ojos de quien rumia una quimera.

Si allí encuentras las estrellas ilusoriamente quietas,
recuerda que sus virtudes no refulgen si es de día;
si una de ellas se rebela, vigila su travesía;
aunque no aciertes su rumbo, procura seguir su estela.

Si esta estrella te saluda al tiempo que te sobrevuela,
si devuelves la mirada con cautela y cortesía,
si te da certera caza la invernal melancolía,
huye entonces de su vista, ahora es ella la que observa.

SUSURRO

Una voz de timbre bajo sin decoro o paliativos
me pregunta si he regado con caricias mi futuro;
si he exprimido el dulce jugo del proceso evolutivo;
si he advertido la crudeza celestial de mi desnudo;

si he atendido las demandas de mi ego persuasivo;
si he logrado maquillar las cicatrices de su influjo;
si he sabido discernir entre placebo y paliativo;
si he acallado, dolorido, los temores que supuro;

si he moldeado mi carácter, ya de antiguo, compasivo;
si he suplido lo palmario con la fe que conjeturo;
si he malvado voluntades con tan sólo concebirlo;
si he pecado de arrogante, displicente y testarudo;

si he captado la cadencia percutiva de un latido;
si he mojado mis labios en el licor de lo nocturno;
si he encerrado en un frasquito la tibieza de un suspiro;
si he guardado la armonía destilada en un susurro.

PESADILLA

Tuve un sueño hace dos noches cercano a la pesadilla,
una suerte de elegía silenciosa y sin lenguaje,
un mundo sin arbitrajes combatía la sequía
y profundas villanías dominaban al salvaje.

De repente, un ruido sordo se adueñó del tosco ambiente,
una voz medio silente tomó la escenografía,
vi mi cuerpo con estrías, mil arrugas en mi frente,
y me dije lo siguiente en lamentable letanía:

«Dale encaje a la poesía; y a tus miedos, un masaje,
el paisaje a la primera servirá de ingeniería,
el mural que cubre el cielo teñirá de añil tu viaje,
la experiencia y su rodaje compondrán tu melodía.

»Lanza al monte una semilla que reniegue del drenaje;
no dispares al ancestro desde el frente del presente;
no les ofrezcas agua al odio ni a los dioses, carruaje;
presta oído a la conciencia, tiempo al duelo y diente al vientre.

32

»Desconfía del mensaje que se apoya en mayorías,
date al resto, sueña en grande, sé muy libre de perderte,
no dediques ni un segundo a comprender la economía,
no presumas de tus logros, vence al ogro de tu mente.

»Muertes, besos, tiranías, darán forma a tu bagaje.
No desprecies sus placeres ni te lamas las heridas.
Si superflua es la fachada, imagina el andamiaje.
Rinde culto u homenaje, pero nunca pleitesía».

LO QUE CABE

Cabe el ojo que discierne entre obsoleto y absoluto,
quepo yo cuando saludo, cabe el sol cuando se duerme,
cabe el dios que me pervierte y la serpiente a la que adulo,
caben mares iracundos y el grito de sus corrientes.

Cabe el fruto que disfruto y los tributos que comprende,
cabe el polvo floreciente que brota bajo el felpudo,
cabe el genio que pretende descifrar lo irresoluto,
caben ecos y murmullos de un pasado reluciente.

Cabe el fuego, ya en desuso; cabe el cielo que se cierne;
cabe un pesar evidente, tan profundo como oscuro;
cabe el altar más solemne, que resulta ser caduco;
cabe el malestar que amputo para que no mute en muerte.

Cabe el tiempo del presente y su pariente del futuro;
caben no pocos segundos; caben muchos, pero inertes;
cabe un cosmos diminuto que colapsa y que se extiende.
Nada ocurre y, de repente, todo cabe en un minuto.

RECUERDO EN REMOJO

Quiero guardar para siempre este momento, este latido,
y acudir a su aposento para gozo y no lamento.
Quiero que, de estar contento, que es, en suma, a cuanto aspiro,
halle en su recreo retiro, y en sus fastos, escarmiento.

Ello es por lo que persigo, aunque torpe sea mi intento;
que lo inmortalice el tiempo y cristalice en una idea.
Cumpliré mi cometido; preservarlo es cuanto quiero.
¡Conseguir lo que pretendo bien parece una entelequia!

Quiero que resista el viento huracanado del olvido,
quiero que sea como el trigo que el otoño bambolea,
quiero que este sentimiento sólo muera si es conmigo
y que, sólo una vez muertos, nos engulla la marea.

Quien afronte este sendero entenderá su recorrido
y, de estar buscando asilo, podrá hallarlo en este cuento.
Si el mañana se derrumba, sepultando lo que hoy siento,
¿será este pasaje eterno, si el recuerdo se ha perdido?

DESCANSO

Unas llaves descansan en la alacena,
en la cama yace un escritor febril,
que comienza a darle forma a un vodevil
tras haber superado una cuarentena;
le estremece con su ritmo tamboril
una música que siempre le fue ajena,
desde el horizonte sus ecos resuenan
y engalanan esta cadencia sutil.

El poeta se acerca a la cristalera,
el cielo rebaja dos tonos su añil,
las nubes sollozan y el suelo no drena,
una flor vuelve marrón su carmesí,
la playa desnuda su cuerpo de arena
con magulladuras de firma infantil,
un mosquito ensaya su puesta en escena,
el calor llega rodado al mes de abril.

El león, desde el sofá, se desmelena;
se detiene en su danzar el colibrí;
la sonrisa de la hiena torna en pena
y el felino da la cara ante el reptil;
el cura desoye lo que dios le ordena;
el mundo se vuelve un poco más hostil;
el sol se despide de la luna llena
cuando atisba el rumbo que toma un misil.

El jurado, que lee a coro una condena,
asesina civilmente al hombre vil;
el peón consigue audiencia con la reina,
con la ayuda del despiste del alfil.
El hambriento ya no lucha por su cena
y la gente ya no estila ser gentil,
el ingenuo ya no sueña con sirenas
y el cobarde ya no teme el porvenir.

EN SILENCIO

Hace tiempo que medito
sobre el tiempo y sus desmanes,
sobre la verdad del mito,
sobre el triunfo del farsante,
sobre el olor del detrito,
sobre flores, sobre carne,
sobre un todo que, podrido,
desvirtúa lo sobrante.

Sobre el don de lo bonito,
sobre el quicio de la tarde,
sobre dios, sobre su rito,
sobre el corazón del arte,
sobre el cuerpo del delito,
sobre el alma del diamante,
sobre el viento, sobre el ruido,
sobre el hombre, sobre el hambre.

Sobre el viejo manuscrito
que sobrevivió al rescate;
sobre su origen bendito;
sobre su mensaje amable;
sobre el código prohibido
que estimula al navegante;
sobre el verso que, reescrito,
cuenta el mito de un cobarde.

Sobre el hueco eco del grito,
sobre el cosmos del instante,
sobre un mundo sometido
bajo el yugo del dislate,
sobre el mar enfurecido,
sobre el fuego de volcanes,
sobre el fin del infinito,
sobre el fin de los finales.

QUÉ

¿Qué es la vida sino un juego en que apostar no es una opción?
¿Qué es la muerte sino el sino de la vida material?
¿Qué es la paz sino el comienzo de la próxima fricción?
¿Qué es la luz sino el alud que disipa la oscuridad?

¿Qué es amar sino el placer de acariciar la perfección?
¿Qué es el odio sino el cáncer que asola a la humanidad?
¿Qué es besar sino vencer al monstruo de la soledad?
¿Qué es sentir sino fundir la realidad con la emoción?

¿Qué es dormir sino morir, pero de forma temporal?
¿Qué es soñar sino surcar la ola de la imaginación?
¿Qué es creer sino crear una coraza existencial?
¿Qué es la ciencia sino el campo donde impera la razón?

¿Qué es el verbo sino el mimbre que enhebra la sociedad?
¿Qué es el sexo sino el clímax de la yuxtaposición?
¿Qué es la suerte sino el arte de obviar la causalidad?
¿Qué es huir sino evitar probar el néctar del error?

¿Qué es la fe sino un escudo para disuadir al mal?
¿Qué es rezar sino pedir para uno mismo salvación?
¿Qué es la sal sino la vida que escondió Dios en el mar?
¿Qué es la flor sino un obsequio con que nos agracia Dios?

¿Qué es el alma sino el viento mecedor de la bondad?
¿Qué es reír sino afrontar los pesares con ilusión?
¿Qué es cantar sino intentar escapar de nuestro pesar?
¿Qué es llorar sino escupir las causas de nuestro dolor?

HERENCIA

De mi abuelo cognaticio, del que adora la pintura,
he heredado la firmeza, pundonor y gentileza;
del padre del que es mi padre, la virtud de la mesura;
de mi padre, sin embargo, cara dura y fortaleza.

De mi abuela Carmelina me quedé con la hermosura;
de la madre de mi padre, con la fe tras su fiereza;
de Cristina, mi madrina, con su afán por la escritura;
y de Pablo, mi padrino, con su paz y su nobleza.

De mi madre heredo todo: su ternura, su entereza,
sus valores, su cabeza y esta dura dentadura;
hago mía su destreza en convivir con tres criaturas,
perdonando, con cintura, travesuras y torpezas.

De mi tía Inmaculada me he llevado la bravura;
de Gonzalo, la soltura, la nariz y la franqueza;
y del Padri, una mixtura: su textura, su grandeza,
toda su naturaleza, su agudeza y su dulzura.

DESPEDIDA

Este verso nació como guarida;
tomen nota de todas sus sentencias;
memoricen sus ricas advertencias.
Les espera una estancia entretenida.

Si se sirven del pus de mis heridas,
que supuran virtud y penitencia,
no desoigan la voz de mi experiencia
y procuren cuidar a quien les cuida.

Tras mi muerte, no quiero despedidas;
no despidan aroma a indiferencia;
no me brinden sus tristes condolencias:
las caricias, mejor si son en vida.

Si me quieren, festejen mi partida;
si me extrañan, guarden las apariencias;
cuando muera, no lloren por mi ausencia;
y recuerden: muere aquél a quien se olvida.

MIRAR

Miro abajo, hacia la gente
que disfruta sin ambages,
y no veo más que trajes,
apariencias y oropel.

Miro dentro del espejo
y sólo veo mi blindaje;
pero, para mi sorpresa,
no veo nada tras mi piel.

Miro al lado y veo parientes
que compartieron mi viaje.
Miro arriba y veo la nada,
aunque hay quien la llama *fe*.

Miro atrás desde el presente
y sólo veo aprendizaje;
pero, si miro de frente,
errores por cometer.

LA VISITÍSIMA

En un mundo sin dónde ni cuándo,
escenario sin luces ni acción,
di con un caminante descalzo;
sin más nada, vestía albornoz.

Ya de cerca atisbé que era manco;
su cabello, cardado y marrón;
fatigado, sentado en un banco,
encendió un cigarro y me miró.

—Soy tu dios —comenzó sentenciando.
Mi fachada mostró incomprensión.
Sus ojos olvidaron su blanco
y su viva voz grave gritó:

—Búrlate de todo lo sagrado,
la comedia remedia el dolor.
El humor adereza al humano;
salpimienta un mundo sin sabor.

JUAN PEDRO RINDE CUENTAS

Es de noche,
tras la cena;
Juan coge
su ordenador.
Se ensimisma
en su interior,
ríe y goza,
posa y piensa.
Nada auspicia
su cabeza
del normal
alrededor:
ha enterrado
su candor
donde yace
su inocencia.
De pronto, una
brisa lenta
entra por
algún rincón,
sojuzgando
el comedor.

Juan solloza,
calla y reza.
Una luz
toma la escena.
Juan no oculta
su sudor;
es consciente
de su error.
A la espera
de condena,
Juan se sienta,
no se inquieta,
fuma y fuma
redención.
Se somete
al resplandor,
desdibuja
su existencia.
Ya no se oye
la sirena.
No se enfada
el extractor.
Tampoco
el televisor.
En resumen,
nada suena.

AVENTURA VESPERTINA

Una tarde de tormenta,
de aguacero y aguarrás,
un hombre tocó mi puerta,
poniendo fin a mi paz.
Dijo ser una herramienta,
el dador de potestad,
redentor de luces muertas,
un conducto al más allá.

Me contó que en las tinieblas
radicaba su ciudad.
Una niebla amarillenta
envolvía ese lugar.
Me invitó a dar una vuelta
por sus parques de coral;
cuando quise darme cuenta,
ya no había vuelta atrás.

Su mano cogí sin fuerza,
con cierta inseguridad.
Dijo en tono de protesta
que forzara un poco más.
Hice caso a su propuesta:
me deshice en apretar,
desdoblé mi contingencia,
trascendí la gravedad.

Pude ver que mi materia
se esparcía en vertical.
Hizo acto de presencia
una suerte de deidad.
Un telón cubrió la escena;
me sumí en mi oscuridad.
Lo que parecía una siesta
resultó ser mi final.

EN RESUMEN

Soy un ser que no lo es tanto.
Soy un llanto que no escampa.
Soy un simio atribulado
que reniega de su raza.
Soy la peca del pecado.
Soy la flor que cae en desgracia.
Soy el pan que, bajo el brazo,
desgranó su propia hogaza.

Soy la pausa en la poesía.
Soy cobijo, soy abrigo.
Soy el pájaro que pía,
soy su dulce gorgorito.
Soy la sal de la saliva.
Soy la fe del desvalido.
Soy mi sola alternativa.
Soy mi sol y mi enemigo.

Soy cobarde cuando pierdo,
soy despótico si gano.
Soy discípulo del verbo.
Soy la daga que abre paso.
Soy un verso verde y terso.
Soy el mar que duerme en vaso.
Soy la música del viento.
Soy el guiño del ocaso.

Soy la risa adulterada.
Soy la brisa del entorno.
Soy el plomo y la pomada.
Para el uno, soy el otro.
Soy la vista del beodo,
soy la foto mal tomada.
Participo de la nada
sin dejar de serlo todo.

VANA PRETENSIÓN

Quiero eterna primavera:
un constante amanecer;
dos palabras que, certeras,
maten hambre, sueño y sed.

Una vida a mi manera,
una tregua sin cuartel,
cruzar presto la frontera
y el sendero hacia el ciprés.

Quiero un astro de madera,
un enigma y su porqué;
descansar entre quimeras;
cuando quiera, tener fe.

Saludar a cien palmeras,
departir con un ciempiés.
Fiel amigo, cuando muera,
quiero un cielo a mi merced.

PUNTO Y SILENCIO

Hace tiempo que le dije al ataúd
que buscaba postergar su eterno frío.
Con el viento, una verdad y mi virtud
pretendí la plenitud de mi vacío.

Conjugué fogosidad y rectitud.
Padecí la magnitud del desafío.
Confundí celeridad con prontitud.
Mojé el canto de mis labios en hastío.

Margaritas blanquearon el baúl
bajo el manto de mi sueño más sombrío.
Una luz sepultó la yerma salud
de un umbrío y frágil cuerpo como el mío.

Expié los pecados de juventud.
Una gota de sudor mintió al rocío.
La materia evidenció su finitud
y menguó la libertad del albedrío.

RECICLAJE

Otra voz que me susurra cambia el paso de mis alas;
otro sueño que se jode justo al remontar el vuelo;
otro rayo que proviene del umbral de la ventana;
otra luz por la mañana tensa, estira y rompe el tiempo.

Otro día que amanezco con la sábana empapada,
otro día que consume mi energía como incienso,
otro día que no duele y que tampoco huele a nada,
otra espera en la antesala que antecede al cementerio.

Otra noche que le cuento mis problemas a la almohada,
otra piedra en el camino que me obliga a estar atento,
otro invierno en que pretendo protegerme de la helada
con ligeros melodramas cuyas tramas no comprendo.

Otra briega en el averno contra mi alma desvelada;
otra vela que se apaga, por débil que sople el viento;
otra vez que asisto a un juicio sin defensa ni coartada;
otro día que se acaba despertando en otro nuevo.

REVELADO

Nunca es tarde para quien ignora el tiempo,
a los miedos se les debe plantar cara,
todo aquello que se precia tiene un precio,
no es sencillo no temer no tener nada.

La conciencia es una trampa del cerebro,
su ilusión por excelencia es el mañana,
siempre cabe la mentira en el misterio,
la belleza está hospedada en la mirada.

Dios destila infinitud con su silencio,
no hay verdad impepinable en la palabra,
ningún tema a discutir suele ser serio,
el ingenio es la antesala de la espada.

La virtud suele instalarse en punto medio,
y la suerte, florecer en temporada.
Todo amor mal concebido torna en tedio,
y el sueño que no se exprime, en bofetada.

CRISANTEMO

Facultaste al antes ciego estimulando su inquietud;
en las sombras fuiste luz, y en los mares, el misterio;
robaste su azul al cielo y el cerrojo a mi ataúd,
el cordaje a mi laúd, y a mi cruz, su fundamento.

Todavía te recuerdo única en la multitud,
guardando similitud con un blanco crisantemo.
Corto queda todo verso que ambicione tu amplitud,
pues tu sola solitud, más que un sol, es universo.

Derrumbaste mis cimientos con la fuerza de tu alud,
vertiste tu infinitud sobre un fondo de cemento,
aplacaste viles vientos y cualquier vicisitud,
y sé con exactitud que mi amor nació al momento.

Por ser agua en el desierto, queda aquí mi gratitud,
junto con una solicitud que, espero, tomes en serio.
Duerme en paz mientras celebro un festín a tu salud
por cuidarme en la virtud y entenderme en el defecto.

DESNORTADO

Tanto soñaba que, de repente,
soñando un sueño, me desperté.
Mas ya despierto, cierto relente
enfrió mi cuerpo, y a mí con él.
Si es sólo un sueño, o es para siempre,
ni lo sabía ni lo sabré.
Cuando esté muerto, o al fin despierto,
viviré el sueño…

o lo soñaré.

PROHIBIDO DESOLARSE

El sol me quiere
y por él crezco.

El sol me enseña
y yo me asombro.

El sol despierta
y yo amanezco.

El sol se duerme
y yo me escondo.

EN BLANCO

Ayer vino a visitarme
un espectro a la terraza.
Me avisó de su llegada
rompiendo mi cenicero.
Yo no quise levantarme,
no dije ni una palabra;
él tampoco dijo nada,
se mantuvo recto y quieto.

Un silencio imperturbable
hizo suyo ese momento;
tan sólo lo interrumpía
mi rauda respiración.
No sabía si al hablarle
se acabaría mi sueño
o si me respondería
para mi insatisfacción.

Pero cuál fue mi sorpresa,
digerida sin agrado,
cuando el sobrio visitante
se arrimó con paso lento;

después se apoyó en mi mesa,
me miró de un modo raro,
cogió mi desodorante
y apuntó con él al cielo.

Se dispuso a abrir mi armario,
pero reparó en el ruido.
Cogió entonces mi cartera
y la abrió sin vacilar.
Me quitó sus honorarios
y, con ellos, cuatro libros,
pero de aquella manera,
pues los eligió al azar.

Empezó a leer un papel
que sacó de su bolsillo.
Al terminar su lectura,
lloró sin ningún consuelo.
Desconociendo por qué
hice por ir a su sitio.
Me inspiró una gran ternura,
mas desconocía su anhelo.

Le pregunté que quién era
y el motivo de su llanto;

él rio a carcajadas,
lo que consiguió irritarme.
Me hizo entrega de un poema,
se titulaba *En blanco*;
lo coprotagonizaba
un extraño visitante.

Este intrépido viajero
arribaba a una cornisa.
Era de un joven poeta
que buscaba inspiración.
Tenía un sucio cenicero
hasta el tope de ceniza.
De pronto caí en la cuenta:
el poeta era yo.

¿Por qué interrumpía mi asueto
para darme ese mensaje?
No me despertaba dudas,
sino un frío entendimiento,
y es que ¿quién era el sujeto
que había escrito este pasaje?
Era yo con más arrugas,
era yo dentro de un tiempo.

VOLUNTARIOSO

Me sé muy pequeño,
escondo bondades,
reposo en ciudades,
actúo sin dueño.
Quiero que mi empeño
cimente verdades,
formar realidades,
cumplirlas en sueños.

Suplir el suplicio
con buena actitud,
ya que el ataúd
no es fin, sino inicio.
Instar a armisticios
entre norte y sur;
poner la virtud
al servicio del vicio.

Quiero a mis temores
vestidos de traje,
oliendo el mensaje
que portan mis flores.
Viendo los albores
de un vasto paisaje,

quiero aprendizaje
no exento de errores.

Quiero ser constante,
mi amante, quererme.
Ante el dolor, fuerte;
gozar el instante.
Sentirme importante,
tentar a la suerte,
temer a la muerte
y no a lo de antes.

Quiero que una brisa
acaricie mi piel,
erice mi fe
y oficie mi misa.
Bajo tal premisa
quiero renacer,
saber que no sé
vivir más deprisa.

Quiero una salida
o algún instrumento
que prenda el momento,
que encienda mi vida,
por si se ilumina
la faz de lo incierto.
Quiero un tiempo muerto,
quiero carne viva.

TRINITARIO

Uno profesa respeto;
otro, si duda, disiente.
Uno vive en tanto miente;
otro intenta ser sincero.
Uno se esconde discreto;
otro cuenta cuanto siente.
Uno duerme eternamente;
otro mira al cielo inquieto.

Uno nada en la opulencia;
para otro, nada es salud.
Uno mantiene tabús;
otro derrumba creencias.
Uno desprecia la ciencia;
otro tiene otra actitud.
Uno disfruta la luz;
otro celebra su ausencia.

Uno hipoteca su meta;
otro prioriza el ahora.
Uno escupe donde mora;
otro ora donde peca.
Uno se vale de tretas;
otro, tras comer, implora.
Uno las nubes ignora;
otro encuentra siluetas.

Uno explora el universo;
otro aún sueña con hadas.
Uno tiene espalda alada;
otro me dicta estos versos.
Cuando con uno converso,
otro discute y se enfada;
a uno lo llamo Fachada,
mientras que a otro Reverso.

SINSENTIDO

Un viaje inquietante
me ha sacudido.
Soñaba tranquilo,
moría la tarde.
Salí de mi carne;
quedé sin abrigo.
Mi cuerpo dormido
yacía distante.

¿Qué crudo motivo
dio origen al sueño?
¡Contemplé mi cuerpo!
¡Oí mis ronquidos!
Guardaba sentido.
Sobraban los verbos.
No había sujeto,
yacía dormido.

Creí no estar muerto,
tampoco cautivo.

Atisbé el pasillo,
tierra de lo incierto.
Crucé todo recto,
buscaba a mi amigo.
Juan Pedro, tendido,
yacía despierto.

No oyó mi alarido
ni hizo cosa alguna.
Una densa bruma
torció el sonido.
Resiste el olvido
tamaña aventura.
Volví a mi figura.
Yací pese al ruido.

2034

Me despierto muy sereno,
vacilo un poco en mi cuarto,
voy hacia mi autorretrato
y le disparo tres besos.
Ya se ha instalado el invierno,
mi cuerpo se ha destemplado.
Año dos mil treinta y cuatro,
segundo viernes de enero.

Ninguno cose, de modo
que carecemos de atuendo,
pero por suerte tenemos
comida, cama, acomodo.
Aquí resistimos todo:
cada tregua, cada estruendo.
Ya son tres años viviendo
en una plaza de toros.

Seríamos unos treinta,
pero se han muerto ya veinte.
Quedamos cuatro valientes;

cobardes, media docena.
Superados por la escena
de heroicos supervivientes.
Emerge un miedo silente:
la muerte espera ahí afuera.

Disfrutamos cada cena
tranquilamente hilarante.
Necesitamos apartes,
despejar nuestras cabezas.
Dormir el ente pensante.
Drogar la mente que piensa.
Sepultar aquella guerra;
pero vayamos por partes.

Parecerá un disparate.
Recuerdo gris el origen.
Al cruento cierre de cines
lo siguió el cierre de parques.
Desvirtuaron el arte,
dividieron los afines:
unos, al lado de Disney;
otros, soldados de Warner.

Dos extremos, nadie en medio.
En lo alto, un mismo mando,

y entre éste y su rebaño,
dos versiones de lo bueno;
el problema y su remedio;
el dilema y su contrario.
Adoctrinaron cien años,
la contienda duró un tercio.

Aquel que eligió la vida
la hizo valer en el frente.
Muchos mataron parientes.
Por cada calle, un suicida.
Así quedó malherida
la humanidad de la gente
por dos nuevos continentes:
dos caras de una mentira.

Solo resistieron locos,
que eran débil minoría.
Reprimieron su agonía
alejándose del foco.
Y así fue cómo unos pocos
por circunstancias, un día,
comenzamos una vida
en una plaza de toros.

EL DÍA C

Ando buscando un porqué
con muy poca dignidad.
La vida la dividí,
realicé la irrealidad.
En un plano hallé mi fe;
en otro mi vanidad;
y en el mismo frenesí
entendí mi levedad.

Comprendí que el mismo Edén
era un triste secarral.
Todo fruto carmesí
sucumbió a la oscuridad.
Entonces me tropecé
con mi espectro de cristal;
así fue cómo invertí
lo que fui con mi otredad.

Ella vino y yo pasé:
una por otra mitad.

Al pasar, pude sentir;
al sentir, pude pensar
que el futuro tiende a ser;
sin embargo, no será.
No me asombra el porvenir,
porque a por mí no vendrá.

En el mundo del revés,
en la esfera del quizás,
todo inicio tiene un fin;
toda sed un manantial.
Todo cuanto un día fue
murió, por lo general.
Lo que no pudo morir
abrazó la eternidad.

Conmutar o cometer,
respetar o repelar,
diferir o coincidir,
renunciar o renegar,

parecer o perecer,
ocultar o revelar,
consentir o constreñir,
denostar o idolatrar,

defender o depender,
renovar o reiniciar,
batallar o convivir,
disparar o disfrutar,

conservar o desposeer,
limitar o libertar,
consumir o compartir,
competir o cooperar.

ÓRDENES

No medites demasiado
cuando debas hacer algo.
Hazlo con delicadeza,
o sin ella, pero hazlo.

Al colgante regalado
no le mires los quilates.
Si te apuntan con palabras,
mata antes de que te maten.

Cuando encares un debate,
habla o calla, pero escucha.
Cuando afrontes un conflicto,
vence o muere, pero lucha.

Cuando cantes en la ducha,
hazlo siempre con descaro.
Cuando te invada un recuerdo,
busca en las ruinas reparo.

Si no has encontrado un faro,
guíate por las estrellas.
Cuando encuentres tierra firme,
haz del viaje una epopeya.

De entregarte a la botella,
tu vida estará maldita.
Si ves monstruos por la noche,
ríe o llora, pero grita.

Si llegas tarde a una cita,
no presumas la segunda.
Trata bien a gente viva,
rinde culto a la difunta.

No malgastes tu saliva,
mucho menos con el necio;
el mayor de los desprecios
normalmente es el silencio.

No escatimes en esfuerzos,
ni insultes a las deidades.
Seduce, pero recuerda:
no mendigues voluntades.

Disfruta del tacto suave,
no desprecies el rugoso.
Sé constante si no hay suerte.
Sé noble, de ser dichoso.

Tu corazón es un foso,
que no ha de pisar cualquiera.
De tener cerca al diablo,
deberás cambiar de acera.

Si fallas mucho, asevera.
Si tienes mucho, no fardes.
Si falta poco, acelera.
Si tienes poco, comparte.

LA PREGUNTA

Reconozco que he dejado en mi mesilla
la pregunta más profunda e insolente;
no por simple, su respuesta es evidente;
ni por honda, floreciente su semilla.

Hay quien piensa que Dios mora en cuanto brilla;
hay quien jura que es obra del subconsciente;
otros creen que, en realidad, siempre está ausente,
y los menos, que no somos más que arcilla.

¿Y si quien se cree su sueño está en lo cierto,
siendo el loco quien permanece despierto,
ignorando que alimenta una ilusión?

¿Y si somos sólo el sueño de un cualquiera,
que de noche confecciona nuestra esfera
mientras duerme a pierna suelta en su salón?

ABUELA

—¿Adónde vas tan guapo?
—A la iglesia.
—¡No me engañes!
—A una fiesta en la playa.
—¿De etiqueta?
—¡De disfraces!

—Te vieron con tu amiga…
—¿Por el monte?
—No, de bares.
—Pues no me saludaron.
—No quisieron…
—Bien que hacen.

—¿Habéis hecho las paces?
—No hubo guerra.
—Tú me entiendes…
—Estamos como siempre.
—¿Como amigos?
—Como amantes.

—¿Y qué es de tus amigos?
—¿Qué les pasa?
—¿Hacéis maldades?
—Ya somos muy mayores…
—¿Cuánto?
—Mucho.
—No te enfades…

—Yo me voy ya a la calle.
—¿Llevas llaves?
—Ya lo sabes.
—No sé por qué lo dices…
—Vuelvo pronto.
—¡Que te calles!

DESCOMPRESIÓN

DESACONSEJO

Detén el progreso del credo;
descubre, en tu ser, tu flaqueza;
descifra tu frágil conciencia;
destruye el poder de tu ego;
desoye el consejo del miedo;
despide su fuerza a la fuerza;
desviste tu triste vergüenza;
desnuda tu fe con denuedo.

CONSEJO

Comprende y defiende lo humano;
conculca la ley de tu mente;
convence a quien yerra, si miente;
consagra el acierto y el fallo;
convierte el placer en desgarro;
comparte su rica simiente;
conversa con cientos de gentes;
conserva su esencia en un tarro.

REMEDIO

Refuerza todas tus virtudes;
renuncia al uso de tu fuerza;
repudia a quien no te respeta;
respeta a quien no te repudie;
rehaz, de lo oscuro, tu lumbre;
recoge el fruto de miserias;
recicla para que no mueras;
resiste para que perdures.

LOCURA

Fue que un día un individuo
advirtió en su propia casa
un terreno que, de antiguo,
fue el recinto de una granja.

Según cuentan los archivos,
hasta donde estos alcanzan,
en su largo recorrido,
comprendió varias usanzas.

Esta granja, antes de serlo,
fue morada de ladrones,
y antes de ello, fue un gran huerto,
referente en cuanto a arroces.

Tras pensarlo, este sujeto
dio de lado sus labores,
entregado por completo
al estudio de las flores.

Con semblante taciturno
y actitud de forestal,
prendió fuego a los arbustos
y plantó allí un arrozal.

Casi un lustro pasó solo,
bajo un imponente sol,
compartiendo con los zorros
los sabores de su arroz.

El arroz, que era finito,
ya brillaba por su ausencia.
Nuestro amigo, decidido,
se enfrentó a las inclemencias.

Vio llegar una tormenta,
¡dulce era su melodía!
Cuando quiso darse cuenta,
su rostro palidecía.

En su lecho hizo repaso
de su devenir dichoso,
de una vida que, en su ocaso,
halló asilo en el reposo.

Entonando un triste himno,
sobre un fondo de timbales,
entendió que era su sino
morir en los arrozales.

ILUMINACIÓN *PRE MORTEM*

A través de su ventana recibió la luz del verbo
un sujeto no sujeto a este mundo cuasi inerte;
meditaba sobre el viento cuando un verso, de repente,
sin motivos aparentes, invadió sus pensamientos.

Asió el lápiz con presteza entre impaciente y predispuesto;
un susurro retumbó en lo más profundo de su vientre;
procuró identificar las muchas voces de este eco:
despejó su superficie y fue directo a su simiente.

Fueron vanos sus intentos de enfrascarlo en un concepto;
y su gesto se torció cuando arribó el ruido silente.
Este verso titiló como un metal incandescente,
revelándole el secreto de su ser perecedero.

Redoblaron los tambores moradores de los cielos;
su tañido confirió vida al poema de su muerte.
Denostado, tiritando, bajo un sol semisolemne,
cayó a plomo el literato que anheló ser limonero.

Índice